ÉTIENNE FRÈRE

Pour la Normandie !

RÉGIONALISME

DÉCENTRALISATION

CONFÉRENCE

Prononcée au Congrès Normand de Caen

LE 18 OCTOBRE 1903

ÉTIENNE FRÈRE
AVOCAT
DIRECTEUR DE « LA SOURCE NORMANDE »

Pour la Normandie !

RÉGIONALISME

DÉCENTRALISATION

CONFÉRENCE

Prononcée au Congrès Normand de Caen

LE 18 OCTOBRE 1903

EN SOUVENIR

A Paul HAREL et Henri VERMONT,

A mes jeunes Camarades des Cercles d'études ou de Sport,

A tous les Normands Normandisants.

POUR LA NORMANDIE!

Régionalisme, Décentralisation

MESSIEURS ET CHERS CAMARADES,

En allant tout à l'heure avec vous faire un pèlerinage au tombeau de Guillaume-le-Conquérant, j'avais l'âme empreinte d'une émotion profonde. Ces voûtes austères de l'abbaye romane, ces pierres bleuâtres aux reflets d'acier qui, traversant les âges, transmettent intacte au vingtième siècle la pensée du douzième, évoquaient devant moi toute l'histoire de la Normandie.

Je revoyais les « hommes des golfes », Vikings venus du Nord, bravant les mers sur des voliges frêles, atterrir sur les plages de la Manche et obtenir en partage le sol qui depuis s'est appelé la Normandie. Je les voyais se convertissant avec Rollon, leur chef, et les pillards d'abbayes, agenouillés près des baptistères, recevant sur leur front l'onction du rachat. Je suivais la jeune Normandie, essaimant jusque dans les Siciles avec Robert Guiscard, jusqu'en Angleterre avec Guillaume-le-Bâtard. Ah! ce fut bien la page la plus merveilleuse d'une merveilleuse histoire : une poignée d'hommes conquérant un continent, des valets d'armée venus de Falaise et de Caen sacrés barons d'Angleterre!..... puis, sous

Philippe-Auguste, la Normandie devenait française et, avec lui, à Bouvines, faisait face pour la première fois au péril Allemand; puis c'étaient les drames de la guerre de Cent-Ans, Rouen saccagé après un siège héroïque, les défaites succédant aux défaites jusqu'à ce qu'apparaisse dans les lointains le pennon de la Vierge Lorraine; alors la France se ressaisissait, reprenait l'offensive, et le léopard Britannique recevait le coup de grâce en terre Normande, à Formigny-la-Bataille... Désormais, à Saint-Ouen de Rouen, à Saint-Jacques de Dieppe, à Notre-Dame de Bayeux, prières sublimes cristallisées dans une gaine de pierre, à Caudebec, à Pont-de-l'Arche, à Fécamp, au Mont-Saint-Michel baigné d'embruns, au Château-Gaillard suspendu sur la roche, aux abbayes de Jumièges et de Saint-Wandrille, dans tous les sanctuaires vénérés de la Normandie, dans tous les cloîtres qu'illumine encore l'auréole des Saints civilisateurs, sur tous les dômes, clochers, clochetons, tiges et rameaux de l'immense forêt gothique qui s'étend de Dieppe à Coutances, et d'Alençon jusqu'à Caen, l'étendard de la victoire claque au vent joyeusement! La province est redevenue française pour toujours depuis que la Pucelle expirante l'a regardée longuement, comme regarde la vie celui qui va mourir :

O Rouen, seras-tu ma dernière demeure ?

La flamme où Jeanne se consumait s'est tordue dans les brumes de la Seine, elle a rougeoyé sur les vitres du Vieux-Marché, elle a léché, sinistre, les pignons pointus et les colombages des maisons Normandes, et ainsi l'histoire de la Normandie a été indissolublement liée à l'histoire de France, dont la page la plus sublime s'écrivait dans sa capitale.

Honneur et reconnaissance à la martyre : ses cendres ont fertilisé la Normandie, qui produit au XVIIe siècle une moisson de grands hommes, donnant aux arts Nicolas Poussin, aux armes Duquesne et Tourville, aux lettres notre incomparable Corneille. Et comme la vaillante province a conservé le goût des épopées lointaines, elle envoie en Amérique Cavelier de la Salle, si bien qu'aujourd'hui encore, c'est le patois Normand qu'on parle dans les fermes aux alentours de Québec ou de la Nouvelle-Orléans.

Quand la trombe révolutionnaire s'abat sur la France, la patrie Normande affirme opiniâtrément son horreur pour les jacobins; Caen, Alençon, Evreux deviennent des centres de résistance girondine; Charlotte Corday, la Judith Ornaise, se dresse devant Marat! Enfin, pendant le cours du XIXe siècle, la Normandie, dont le cerveau pense sans cesse tandis que ses bras peinent, enfante Bouilhet, Flaubert et Maupassant, beaux comme des chefs Vikings, dont la fière stature et le style robuste affirment les énergies inusables de la race.

Tandis que Laplace et Leverrier, des Normands encore, interrogent le ciel, François Millet, un Normand toujours, le fait descendre sur sa palette, en traduit l'auguste mystère et la pénétrante poésie.

C'est le peintre des Glaneuses et celui de l'Angelus......

Ah! Messieurs, des paysannes courbées sur le sillon tandis qu'au loin tinte une cloche en envolées pieuses, n'est-ce pas là toute notre Normandie?

Normandie, pays de plaines, où nul rocher sauvage, nulle vallée abrupte ne vient barrer l'horizon... Aussi ce peuple a-t-il conservé son idéalisme et sa sérénité, car il est habitué à voir loin, très loin par-delà les choses, et ses yeux savent scruter l'immensité des plaines, celles de la terre et celles de la mer.

Normandie, nourrice aux seins féconds auxquels des générations entières se sont abreuvées : « Pâturage et labourage, disait Sully, sont les deux mamelles de la France. » Mais jamais ces mamelles ne se gonflent d'un lait plus généreux qu'en Normandie.

Et aujourd'hui la vieille province se retrouve fidèle à ses meilleures traditions, triplant le revenu de sa glèbe, drainant les mers avec ses hardis terre-neuvas, résistant noblement aux jacobins qui l'oppriment.

La foi qui construit les églises et les œuvres, le courage qui brave la colère des flots, l'ardent appel d'un peuple vers plus de liberté et de justice : toutes ces traditions Normandes ne sont pas qu'une phrase. Interrogez l'histoire : Cela est parce que cela a été!

Et tout en repassant devant le tombeau du grand ancêtre les épisodes tour à tour glorieux et sublimes, je sentais que dans mon patriotisme, dans mon amour envers la France, l'amour de la Normandie entrait pour une large part; je me disais que ce n'était pas un vain mot que celui-là : *une province*, puisque bien qu'il fut rayé des chartes administratives, il était toujours écrit dans les cœurs; et je comprenais mieux la douleur clairvoyante de ce grand penseur qui fut M. Taine devant la cendre des provinces : « Parmi tant de ruines politiques et tous les attentats commis par la Révolution contre la France, la suppression des provinces est un des pires; la Constituante a défait des groupements tout faits qui étaient l'œuvre accumulée de dix siècles, des noms historiques et puissants dont chacun remuait des milliers de cœurs et associait des milliers de volontés..... Découpés par des ciseaux de géomètre et désignés par un nom géographique tout neuf, les morceaux de la province ne sont plus que des agglomérations factices d'habitants juxtaposés; ces assemblages humains n'ont point d'âme ». Et Mirabeau, avant lui, avait dit « qu'un pareil bouleversement arracherait des cris aux pierres! »

En même temps que la Révolution déprovincialisait la France, coupant les nerfs qui bandaient la chair vive, la réaction qui s'ensuivit faisait peser sur elle une centralisation oppressive. Ceci appelait cela : l'eunuque est mûr pour l'esclavage. Alors, le sang refluant de la périphérie vers le centre vint congestionner Paris, cerveau de la France, où dans une atmosphère de fournaise s'épuisent tant d'énergies surabondantes tandis que les extrémités du corps national, exsangues, languissantes, appellent en vain un peu de chaleur et de vie. La manie centralisatrice n'a pas su éviter même le ridicule. Les administrations, les grandes écoles, jusqu'à celles qui concernent l'agriculture ou la marine, ont été concentrées à Paris. Les théâtres de Paris ont été déclarés nationaux et la France entière, qui n'en jouit pas, paye pour que les Parisiens en jouissent.

Fait très grave : tandis que le parlement Américain siège à Washington, ville paisible, loin de New-York ou de Chicago, cités tumultueuses, le parlement Français est le prisonnier de Paris impressionnable et versatile, à la merci de ses menaces, de ses émotions ou de ses séductions. Aussi, au Palais-Bourbon, les intérêts de la capitale priment-ils tous les autres et pour donner quelques fontaines supplémentaires à Paris (le département de l'Eure ne me démentira pas), on dessèche nos vallées Normandes, on sème l'aridité et les ruines dans des régions entières.

Paris gouverne en maître et règne en despote ; depuis cent ans les révolutions Françaises sont des émeutes Parisiennes.

Paris prend nos fils et ne les rend pas. Tandis que nos campagnes de l'Orne et de l'Eure se dépeuplent, lui, Moloch formidable, grandit toujours ! je ne puis penser sans une tristesse profonde à ces *déracinés* dont a parlé Maurice Barrès, qui venus jeunes et robustes du terroir natal, traînent là-bas une existence misérable, alors qu'ils auraient pu se rendre tant utiles s'ils étaient restés au pays de leurs pères et auxquels il ne manque pour se raffermir que l'air des falaises Normandes ou celui des montagnes jurassiennes.

Ce défaut d'équilibre entre Paris et la France n'est qu'un aspect de la lutte entre la centralisation envahissante et l'individu qui étouffe. L'individu et l'Etat se font une guerre sans merci. Dans le moindre village, l'instituteur est chargé d'apprendre aux enfants le catéchisme des dogmes étatistes. L'Etat est partout, non pas seulement derrière les guichets du fisc, mais au temple, à l'usine, à l'école. Il pose un bâillon sur les lèvres du prêtre, il intervient souverainement entre les patrons et les ouvriers, demain, il va monopoliser l'enseignement, après-demain fixer les salaires et confisquer les propriétés. Suivant un plan méthodique d'investissement, l'Etat poursuit autour de l'individu ses travaux d'approche, il le mure dans une législation tracassière et méticuleuse.

En vain celui-ci se débat entre les liens de cette hydre aux cent têtes qu'il ne sait où frapper. Un monarque aurait été renversé depuis longtemps parce qu'il eût incarné aux yeux des masses la répulsion inspirée par un tel régime, mais l'état moderne se survit parce qu'il est anonyme et irresponsable et que dans le défilé incessant de ministres éphémères, la colère populaire cherche en vain sa vengeance. Aussi, sûr de l'impunité, devient-il chaque jour plus insolent, plus tyrannique, et je ne puis faire un pas sans le rencontrer, affublé d'un képi quelconque, qui se met en travers de mon chemin, de mes entreprises, de mes initiatives : « Arrière, vil contribuable; tu chasses sur mes terres ! »

Comment nous défendrions-nous ? Plus de parlements judiciaires, plus d'assemblées de notables, plus d'États provinciaux qui protégeaient l'individu contre l'État, en même temps qu'ils s'interposaient entre le pouvoir central trônant à Paris et les libertés locales isolées en province. Toutes les digues ont été systématiquement rompues et le nombre des fonctionnaires de l'État augmente sans cesse !

La phrase de Taine est trop vraie de nos jours : « Jamais matière plus désagrégée et plus incapable de résistance ne fût offerte aux mains qui voudront la pétrir : il leur suffira pour réussir d'être dures et violentes. »

Dures et violentes elles l'ont été et voilà pourquoi, tous les foyers de résistance étant éteints en France, les plus monstrueux attentats à la liberté viennent de se commettre sans que le peuple se soit révolté.

L'individu se meurt : vive l'État! — Mais prenez garde, messieurs les étatistes, que ce pays ne meure, lui aussi, en même temps que les initiatives individuelles et les libertés locales.

Or, il n'y a que deux moyens de nous sauver pendant qu'il en est temps encore. D'abord, diminuer le pouvoir de l'État en définissant les les libertés constitutionnelles du citoyen Français sur lesquelles personne ne pourra empiéter, pas même l'État; ensuite, ce pouvoir ainsi réduit l'assouplir, le rendre intelligent et doux en substituant pour beaucoup de travaux au grand moteur central, trop lourd et trop bruyant, bon seulement pour broyer, une douzaine de petits moteurs s'exerçant dans leur sphère propre et adaptés aux besoins de chaque région. D'où la nécessité de restaurer *les provinces* qui constituent justement ces organes intermédiaires, et c'est la cause à laquelle je vous aurai gagnés, je l'espère, quand je vous aurai montré comment nous pouvons et pourquoi nous devons la servir.

1. — Comment nous pouvons restaurer les Provinces?

Il faudrait tout d'abord récréer le patriotisme provincial. L'amour de la petite patrie et celui de la grande ne s'excluent pas; il me semble avoir démontré qu'ils se complétaient au contraire.

Que dans nos écoles primaires, dans nos collèges d'instruction classique le professeur fasse l'histoire de la province à côté de celle de la France, qu'il mette en relief les qualités, les travers, les rides et les ris, le modelé à la fois malicieux et volontaire de l'effigie Normande. Qu'il inspire à ses élèves l'orgueil de leur origine, que chacun d'eux connaisse couramment la biographie de nos grands Normands, leurs prouesses, leurs devises, leurs paroles fameuses, marquées au coin du caractère natal. Que les enfants se pénètrent de cette idée que la province d'autrefois n'était pas un groupement artificiel, éclos dans le cerveau d'un roi ou d'un ministre, mais la génération spontanée, le produit fatal des mœurs, du langage, de la géologie même. J'adresse ici une prière aux Frères des écoles chrétiennes et aux professeurs de nos collèges libres. Connaissent-ils tout leur pouvoir et songent-ils à recueillir le fruit de tant de sacrifices d'argent et de dévouement?

L'enseignement de l'histoire est un véritable sacerdoce. Je plains ceux qui ne verraient dans ce sacerdoce que « les matières exigées au Baccalauréat » et non le moyen de former des âmes pour le christianisme et la liberté. La chaire du maître est une tribune devant laquelle l'avenir s'élabore. Le maître fait l'histoire à mesure qu'il l'enseigne. S'il vivifie son enseignement et l'unifie en faisant courir sous le tissu des nomenclatures la trame d'une idée générale qui, reparaissant à intervalles réguliers entre les faits, les groupe et les relie, l'histoire prend aux yeux de l'enfant les proportions d'un dessin harmonieux. Mais il faut que cette idée puisse enthousiasmer le cœur et éclairer l'intelligence. Ce seront le progrès de la civilisation et l'essor de la patrie; ce sera la *tradition provinciale*.

L'impulsion donnée par l'école devra se continuer dans les œuvres post-scolaires et notamment dans les patronages et les cercles.

L'histoire ethnique, sociale, religieuse et politique de la province offrira à nos cercles d'études un vaste champ d'exploration et les œuvres de jeunesse, qui ont pris dans ces dernières années une importance si considérable, pourront devenir ainsi un facteur puissant du régionalisme.

Le patriotisme provincial se réveillant, nos fêtes locales et traditionnelles, instituées pour commémorer les grands anniversaires et honorer les glorieux souvenirs, prendront plus d'ampleur et de solennité. Si nous avions davantage le sens de la race, Hastings et Formigny seraient, en Normandie, des fêtes pavoisées et au jour où Jeanne est morte à Rouen les statues de nos places publiques se voileraient de crêpe. Comment n'avons-nous pas encore « le jour de Jeanne » depuis le temps qu'on le souhaite ; comment, surtout à Rouen où elle a souffert et pleuré, où chaque monument marque une station de son calvaire ? Comment nos fêtes religieuses et notamment la Saint-Jean-Baptiste, jadis si poétique, si pittoresque avec ses feux de joie flambant sur la place du village, et qui a conservé tout son éclat au Canada, sont-elles tombées chez nous en désuétude ? Pourquoi nos réjouissances sont-elles maintenant banales ou équivoques, sans attache avec le passé, sans culte et sans poésie ? Rendons à saint Michel et à saint Jean, patrons des Normands, la place qui leur est due dans notre dévotion. Et qu'à ces fêtes, où tout un peuple communie dans une même pensée de respect aux morts et de paix aux vivants, où les haines se fondent et les convoitises s'apaisent un instant, soient conviés nos groupes de jeunesse. Que nos sociétés de gymnastique y défilent, bannières déployées, et que dans nos cercles littéraires ou artistiques les jeunes ménestrels célèbrent les grands mémoriaux.

Devant notre indifférence, quand l'aube nouvelle ramène certains souvenirs, on croirait vraiment que nous n'avons pas d'histoire, que nous cachons notre état-civil comme si nous étions nés hier de parents inconnus. On ne se douterait guère, à voir son impiété filiale, que cette race Normande a derrière elle onze siècles de gloire. L'histoire est une religion : il est des peuples qui n'honorent plus le souvenir de leurs aïeux, ceux-là sont des peuples athées et leur âme les abandonne. Ils ont perdu la fleur de l'existence, le sens de la race, le sentiment qu'on a de faire œuvre éternelle en donnant la main à ceux qui ont été hier, à ceux qui seront demain.

Quand nos esprits seront imprégnés du passé, quand nous aurons versé des larmes de douleur et de joie avec nos pères, quand la Normandie revivra dans nos cœurs, les associations Normandes naîtront comme par enchantement. Sur tous les terrains : social, politique, religieux, intellectuel, nous nous grouperons entre enfants d'un même sol. Au point de vue social et religieux, ce sera un peu, s'il plaît à Dieu, l'œuvre de *la Source*. Au point de vue intellectuel et artistique, quel vaste horizon s'ouvre pour les initiatives, et n'est-ce point surtout dans ce domaine que les bienfaisants effets de la décentralisation devront se faire sentir ! Dans les Arts et les Lettres quels sont actuellement les goûts, les tendances, les caractères de la Normandie ? — Je les cherche en vain. Avant de vouloir connaître la couleur de la flamme, il faudrait savoir si le flambeau sacré brûle encore. Pour le raviver, multiplions en province les concours et les expositions. Ne négligeons aucune occasion de mettre en valeur les artistes et les écrivains Normands. Dans nos journaux, dans nos revues, consacrons à leurs œuvres une chronique périodique. Pour les retenir parmi nous, offrons-leur une situation aussi honorable, faisons-leur un sort aussi digne qu'à Paris. Surtout, donnons-leur un peu de gloire ; c'est la monnaie préférée des artistes. Sur tous ces points, n'avons-nous pas à dire notre coulpe en province ? De la part du négoce enrichi combien de préjugés bourgeois et de dédains qui seraient cruels s'ils n'étaient pas ridicules à l'égard des artistes et des intellectuels ! Nous surtout, n'oublions pas que c'est un écrivain Normand qui a dénoncé « les Philistins ».

Ensuite, nous nous préoccuperons de donner à cette renaissance un tour original, un cachet local. Il devrait y avoir un art Normand et une littérature Normande reconnaissables à la saveur du cru et au goût du terroir. Encourageons et récompensons en littérature surtout les Normands Normandisants comme Paul Harel, Léon Boutry, Jean Revel, Th. Féret, Beuve et d'autres que j'oublie...

En architecture, nous avons heureusement un style normand : poutrelles apparentes égayant les murs de diagonales pittoresques sur lesquelles retombe le capuchon des toits pointus, ensemble coquet et intime qui fait dire au passant : « Qu'il fait bon vivre là ! » En peinture, pourquoi n'aurions-nous pas une école Normande comme il y a eu l'école des Flandres et l'école florentine ? Déjà les Lebourg, les Delattre, les Fréchon, les Bouligny, les Samuel Frère, pour ne parler que des rouennais, sont des paysagistes hors pair, au pinceau bien personnel.

Et nos vieilles industries provinciales : la faïence à Rouen, la dentelle à Alençon, l'ivoire à Dieppe, n'essayerons-nous pas de les recréer ? Elles aussi, contribuaient à caractériser la province, à la spécifier, à l'originaliser. Sans doute, il faudra du temps pour renouer les liens du passé, mais quelle émulation pour nos artisans de retrouver les traditions, les procédés, les secrets, la manière et « la signature » des vieux maîtres !

Nos écoles régionales des Beaux-Arts et nos Universités nous aideront dans cette voie. Les secondes jouaient un grand rôle dans la France d'autrefois, mais depuis elles sont bien déchues de leur ancienne splendeur.

La loi du 10 juillet 1895 leur a pourtant redonné un peu de vie. On connait les grandes lignes de cette législation nouvelle, qui n'a fait sentir ses premiers effets qu'à partir de 1898. L'Etat abandonne à chaque Université les droits d'inscription, de travaux pratiques, de bibliothèques, et lui laisse la charge de pourvoir à la construction et à l'entretien des bâtiments nouveaux. Les ressources croissent avec le nombre des étudiants. Aussi les Universités s'ingénient-elles à les attirer par la création de chaires nouvelles et l'adaptation des chaires anciennes aux *besoins régionaux*. De là une concurrence féconde, une œuvre durable d'initiative individuelle et de décentralisation. Mais les Universités ne recouvreront pleinement leur influence que si elles se recrutent elles-mêmes, faisant appel à tous les savants de la province sans distinction d'opinions et réservant leurs chaires exclusivement à des « indigènes » au courant de la mentalité, des besoins et des aspirations de la jeunesse qu'ils seront chargés d'instruire.

Alors on ne verra plus des professeurs Languedociens, socialistes et étatistes par tempérament ainsi que par atavisme, enseigner l'histoire à des Normands épris d'autonomie et partisans de l'initiative individuelle. Alors, parmi des professeurs de même origine, les rivalités politiques ne troubleront plus la sérénité des laboratoires. Alors, si l'esprit du pays s'y prête, la restauration des Facultés de théologie rendra à l'Université l'élite du clergé et la clientèle des étudiants catholiques. Voilà pourquoi nous demandons pour nos Universités une autonomie aussi complète que celle dont jouissent les célèbres Universités anglaises ou allemandes.

Les jeunes gens qui auront été les élèves de l'Université normande, telle que je la conçois, libre et régionale, se répandront ensuite dans les « présidiaux » et les « bailliages ». Ils y apporteront les leçons de leurs maîtres et ainsi l'influence de l'Université rayonnera sur tout notre « duché ».

Cette influence se fera surtout sentir parmi les lettrés, sans doute. Pour les artisans et le menu peuple, il faudra compter sur d'autres modes d'apostolat provincial. Heureuses nos provinces qui ont une langue pour envelopper leur âme : heureuses la Bretagne et la Navarre, où le régionalisme n'est point seulement l'apanage des lettrés et des archéologues, mais fleurit sur les lèvres de tout un peuple !

Pour nous, Normands, sans trop songer à exhumer nos patois d'Auge ou de Caux, gardons du moins les chansons populaires, les expressions, et les proverbes de « chez nous », mousse légère de l'esprit Normand, comme notre cidre piquant sans amertume, capiteux sans traîtrise, d'un joli blond où le rire, repoussant le bouchon qui bondit, cascade sur des paillettes d'or.

Dans cette voie un Botrel Normand nous serait d'un puissant secours. A son défaut, nous pourrions rajeunir Bérat, le fin trouvère.

Et unissons-nous tous : docteurs et artisans, gens de robe, d'épée ou de soc, fiers de nos têtes ou fiers de nos bras, dans quelqu'une de ces grandes associations qui symbolisent une race, la popularisent et l'affirment aux yeux des étrangers. A cet égard, nous nous sommes laissés distancer par nos compatriotes du midi.

Voyez combien la France est attentive aux estocades et aux roulades des

Cadets de Gascogne, des Landais dompteurs de taureaux, des Provençaux assemblés aux arènes d'Orange ou de Nîmes, des Néo-Romains de la Gaule Narbonnaise et autres peuples de langue d'oc. Ces races font parler d'elles jusque dans les Flandres et la marche Lorraine. Et nous, gens d'oïl, pour répondre aux cigaleries un peu bruyantes des Félibriges et au galoubet terriblement sonore des Cadets gascons, n'emboucherons-nous pas l'olifant de nos pères, celui dont les échos faisaient tressaillir les mers ?

Je ne sais plus quel troubadour d'Agen disait : « Si la Garonne avait voulu, elle aurait remonté la Seine ! ». — Que la Seine descende donc à son tour dans le val garonnais et qu'elle s'infiltre entre les Cévennes vers le delta du Rhône, afin que, pour le plus grand profit de la France, en face de la tradition Romaine, étatiste et autoritaire, les institutions sociales et les franchises individuelles des tribus Franques ou Normandes s'affirment et s'affermissent.

Quelques essais auxquels il convient de rendre hommage ont déjà été tentés pour grouper les Normands. Nous avons de compte à demi avec les Bretons la société *la Pomme*. Nous avons en communauté avec les Picards, *les Violetti*, qui ont pour symbole la violette comme *les Rosati* des Flandres ont la rose. Nous avons le *Souvenir Normand*, fondé par le marquis de la Rochetulon et qui s'en fût récemment en pèlerinage au champ de bataille d'Hastings. Mais aucune de ces sociétés n'a encore autant de renom qu'elle en mérite, assez d'éclat pour représenter la Normandie.

Rendez-nous *les Palinods*, ce concours annuel de poésies en l'honneur de l'Immaculée Conception, auquel tant de grands souvenirs, celui de Corneille, de Jacqueline Pascal et d'autres glorieux lauréats que j'oublie, demeurent attachés. Rendez-nous aussi *le Puy Notre-Dame*, si nôtre par la dévotion à la madone, à Notre-Dame des Normands.

Puis, groupant ces associations, coordonnant ces concours, fondez une vaste *Union Normande* qui nous restituera la Normandie en fait avant qu'on nous la rende en droit.

La reconnaissance officielle de la Normandie s'ensuivra logiquement et ce sera la dernière étape. Il nous faut un organisme administratif qui s'appellera *la Province*, avec ses chambres électives, ses attributions et ses libertés sur lesquelles nul ne pourra empiéter.

Remarquez que « la région » existe à l'état embryonnaire et que nous avons déjà un certain nombre de fonctionnaires régionaux ; par exemple : l'Archevêque, le Recteur, le Commandant de corps d'armée, le Président de Cour d'appel, dont l'autorité s'étend sur plusieurs départements.

Loin de vouloir exclure ces fonctionnaires régionaux, je souhaite qu'on en complète la liste. Quelques-uns, comme l'Archevêque et le Recteur devraient être absolument indépendants du pouvoir central ; les autres, au contraire, continueraient à le représenter parmi nous. Mais je demande à côté de ces proconsuls que Rome nous envoie, pour tempérer et renseigner leur autorité, une assemblée élective, émanation et représentation de la Normandie toute entière ; je demande que les attributions des Conseils municipaux et généraux soient étendues, et non pas qu'on les restreigne, comme vient de le faire une loi réactionnaire à propos des constructions d'écoles.

Je supplie nos amis de se mettre en campagne, de faire connaître aux populations le programme régionaliste. Je suis certain qu'elles lui sont gagnées d'avance ; j'ai la conviction que ce programme peut devenir entre nos mains une force redoutable, un levier d'énergies dont il ne tient qu'à nous d'user pour le bien du pays. On commence à sentir que Paris est trop loin et qu'il faudrait dans chaque province rapprocher le Gouvernement des gouvernés, qu'il faudrait aussi que les gouverneurs connûssent mieux l'âme et l'esprit de ceux qu'ils gouvernent. Mettons à profit ce réveil des énergies locales et du sens provincial. Imposons à nos députés, aux prochaines élections, les revendications du programme régionaliste. Obtenons d'eux la promesse formelle de déposer une proposition de loi en ce sens.

Car voilà trop longtemps qu'on nous piétine et qu'on nous gruge. Il faut de toute nécessité que les ordres venus de Paris en passant par Rouen et Caen se bonifient, qu'ils méritent d'obtenir des lettres de naturalisation Normande et qu'un contrôle salutaire, sans même modifier les principes, en modifie cependant l'application. Ce sera justement le rôle du « Parlement Normand » d'éclairer les fonctionnaires du gouvernement, d'inspirer leurs décisions, d'adapter la loi aux besoins des populations, afin que celles-ci ne soient pas plus longtemps froissées et violentées dans leurs traditions les plus sacrées, dans leurs convictions les plus chères.

La Normandie aux Normands !

II. — Pourquoi nous devons restaurer les Provinces?

Et pourquoi devons-nous tenter un tel effort? Quel mobile nous pousse, quel but poursuivons-nous?

Nous devons restaurer la province parce que la province est une force, et que toute déperdition de forces est préjudiciable au pays.

La province serait une force en cas de guerre extérieure. Dans la France actuelle, trop centralisée, quand l'ennemi est à Paris, il est partout ailleurs, car c'est Paris qui transmet à la province les consignes auxquelles celle-ci obéit passivement. Or, depuis que notre Lorraine a été mutilée et que la Belgique a pu laisser craindre qu'elle laisserait violer sa neutralité, Paris s'est singulièrement rapproché de la frontière, et aucun obstacle naturel ne le sépare de l'ennemi. Devrons-nous donc perdre tout espoir, quand les Allemands investiront Paris? — Non, si nous pouvons compter sur le sang-froid et l'organisation des provinces.

Sur leur sang-froid d'abord. — Dans la France actuelle lorsque retentirait ce cri terrible : « L'ennemi est à Paris! » un profond abattement s'emparerait de tous car nous avons pris l'habitude d'aller à Paris pour la moindre affaire et d'écouter vivre la patrie dans les antichambres des ministères et dans les couloirs du Palais-Bourbon. Au contraire dans une France décentralisée les regards seraient naturellement tournés vers les capitales provinciales et tant que le tricolore flotterait aux beffrois de celles-ci, les imaginations ne seraient point frappées.

Sur leur organisation ensuite. — De nos jours, si Paris était investi, tous les ressorts de la vie sociale sembleraient brisés et le seraient en effet car chacune de nos administrations a sa maison-mère à Paris et à peine une succursale au chef-lieu du département. La province n'est pas une expression administrative. Pourtant si les chefs de la Défense Nationale se transportaient en province, ils auraient besoin d'avoir sous la main pour les ravitaillements, les renseignements, la mobilisation, la police, etc. des services provinciaux bien organisés, assez largement outillés, dirigés par des hommes de valeur et non par des fonctionnaires en disgrâce, *pouvant se suffire à eux-mêmes et en ayant pris l'habitude.*

Alors nous n'aurions plus rien à craindre d'une panique ou d'une surprise car si l'ennemi avait conquis Paris il lui resterait à conquérir la France et les Allemands savent combien il leur faut de temps pour remonter la Loire quand un Chanzy dispute le terrain pied à pied.

— 15 —

De même, puisqu'aujourd'hui on fait « la guerre à l'intérieur », puisqu'une poignée de sectaires a mis hors la loi des catégories entières de citoyens, puisque nos gouvernants battent en brèche, avec la pensée ouvertement déclarée de les détruire, la religion et les traditions nationales, nous devons restaurer la province parce qu'elle constituera un foyer de résistance contre le matérialisme hégélien et l'internationalisme maçonnique.

S'adressant à certaines doctrines, les réfutations du cœur sont plus éloquentes que celles de la raison et le cœur de la France, il est dans les provinces.

Nul ne met en doute le patriotisme de l'antique Lutèce, affirmé par des exemples fameux, mais n'est-ce pas pour ainsi dire, la capitale du monde entier? Les étrangers y affluent, on y parle toutes les langues et Paris apparaît fatalement plus accessible aux nouveautés, plus cosmopolite, moins attentif aux voix de la glèbe et de la race. Le cœur de la France palpite au fond des chaumières où la paysanne endort son enfant avec la vieille chanson que sa grand'mère murmurait à sa mère; il est au manoir ancestral dans la grande salle où veillent les portraits de famille; il est dans les étables tièdes où les campagnards s'assemblent pour la veillée en devisant des anciens disparus; il est dans les églises ruineuses dont les cloches, fêlées par tant de glas, tintent l'*Angelus* d'une voix fluette; il est dans les cimetières aux ifs frissonnants dont les tombes racontent l'histoire du village.

La province est traditionaliste et religieuse. On y connaît mieux les vivants; on y oublie moins les morts. On y trouve plus de silence pour se recueillir, plus d'espace pour suivre dans le ciel l'envol d'un rêve attendri.

Nos modernes Jacobins ont bien compris que la province était l'ennemi. Voyez comme ils poursuivent méthodiquement la ruine des derniers vestiges provinciaux... Les prêtres qui font le catéchisme en Breton ou en Basque voient leurs traitements suspendus. Défense est faite aux instituteurs, aux fonctionnaires de tout ordre de se servir des langues locales, de partager les opinions sociales ou les convictions religieuses des populations au milieu desquelles ils vivent.

Pourquoi cette rage de destruction sacrilège, si ce n'est parce que la province est une source de sentiments très doux et très forts, qu'en communiant avec les morts, en respirant leur âme, en se servant des mots dont ils usaient et des idées qu'ils ont mis dans ces mots, en retrouvant dans chaque consonance un peu de leur voix familière qui conseille et qui prie, une piété filiale amollit notre cœur et qu'il nous semble que nous ne pouvons pas sans quelque déchirement de conscience renier ce que nos pères ont le plus aimé, bafouer ce qu'ils ont respecté davantage.

> Les morts que l'on fait saigner dans leur tombe
> Se vengent toujours.
> Ils ont leur revanche et plaignez qui tombe
> Sous leurs grands coups sourds.

Non certes, les Normands que Corneille a faits Cornéliens ne se laisseront jamais prendre au piège d'un faux humanitarisme qui énerverait les énergies nationales au jour du danger. Les fils de ceux qui invoquaient Saint-Michel en péril de la mer et tournaient leurs regards vers le rocher mystique dont l'ombre tutélaire s'étend comme une bénédiction sur la Normandie entière, dédaigneront toujours le fanatisme de ceux qui voudraient laïciser Dante et Pascal. Les Normands qui ont à un si haut degré le sentiment du droit et de l'équité — et auxquels des conteurs malicieux ont fait une réputation de plaideurs processifs — n'admettront jamais la législation pharisaïque avec laquelle on étrangle successivement au nom de la liberté de penser toutes les libertés sociales des maîtres congréganistes.

Enfin, si les provinces avaient recouvré leur autonomie, nous ne verrions plus quelques tyranneaux, représentants du pouvoir central, opprimer des régions entières, et l'hypocrisie électorale qui permet aux Jacobins de se targuer d'une majorité factice aurait cessé.

Cette majorité ne correspond à rien de réel. En effet, chaque arrondissement a droit à deux députés si le nombre d'habitants dépasse cent mille, et à un député quelque bas que puisse tomber le chiffre de la population. Or, les circonscriptions du Nord, industrielles pour la plupart, sont sensiblement plus peuplées que celles du Midi, presque exclusivement viticoles. Le résultat est que le Midi élit proportionnellement plus de représentants que le Nord à la Chambre. Il n'y aurait que demi-mal si les circonscriptions méridionales choisissaient des députés libéraux, mais ces circonscriptions étant très pauvres sont plus facilement corruptibles. Les faveurs, les décorations, les bureaux de tabacs, les bourses dans les lycées, les fonctions et les prébendes avantageuses sont la menue monnaie avec laquelle on achète le vote de très braves gens, mais qui ne se rendent pas assez compte que l'intérêt général de la Patrie est supérieur aux intérêts particuliers de chaque clocheton. On a calculé qu'en tirant une ligne passant par la Loire et se prolongeant vers Besançon, le Midi qui ne devrait avoir équitablement que 10 représentants de plus que le Nord en avait 40, grâce à notre actuelle organisation électorale. Or, presque tous les députés du Midi sont ministériels, et sauf M. Trouillot qui est du Jura, tous les ministres sont méridionaux.

Sans vouloir décourager personne, il faut avouer qu'il sera bien

— 17 —

difficile aux libéraux, dans ces conditions, de déplacer la majorité parlementaire. Ils conserveront leurs positions dans le Nord dont les circonscriptions très peuplées et très riches peuvent voter avec indépendance, mais le Midi viticole qui s'appauvrit plutôt à mesure que l'approvisionnement des faveurs gouvernementales s'accroît et que le nombre des fonctionnaires augmente, leur manquera toujours et pour cause.

Le salut serait dans l'affranchissement de nos provinces du Nord, et cette majorité que nous ne pouvons pas obtenir dans les Chambres, nous ne rencontrerions pas les mêmes obstacles pour l'acquérir dans un conseil provincial auquel on aurait concédé des attributions étendues de *self-government*.

Quand on jette les yeux sur l'Atlas électoral de la France on est frappé de ce fait que certains départements de l'Est sont exclusivement nationalistes, que la Bretagne, la Vendée sont presque entièrement conservatrices et que notre Normandie est représentée par 31 députés libéraux contre 4 ministériels seulement. Au contraire, la Bourgogne, la Savoie, le Dauphiné n'ont élu que des radicaux ou des socialistes. Dès lors, est-ce qu'une idée ne vient pas naturellement à l'esprit? Puisque les provinces françaises sont d'opinions politiques si différentes et puisqu'au sein de chacune d'elles l'unité mentale paraît au contraire réalisée, ne serait-il pas sage de les laisser s'administrer elles-mêmes dans la plus large mesure, sans les soumettre les unes aux autres?

Qu'on y prenne garde: l'impôt progressif sur le revenu et à plus forte raison la nationalisation du sol, peuvent avoir sur l'avenir du pays une répercussion considérable. Supposons qu'il plaise aux Provençaux de faire chez eux l'expérience des réformes socialistes, ils en seraient libres mais au moins, nous les Normands, nous ne payerions pas, contre toute justice, une part de la casse; nous continuerions à être de florissants *retardataires* et à faire jouir notre province d'une prospérité *réactionnaire*. Si, contre nos prévisions, l'expérience donnait de bons résultats, nous pourrions la recommencer chez nous. Si au contraire, comme nous l'avons toujours prédit, elle échouait misérablement, tout le pays ne serait pas entraîné dans la débâcle. Au lendemain d'un désastre économique, les vierges sages ne refuseraient pas aux vierges folles l'huile dont elles auraient besoin pour ranimer leur lampe, et notre mère commune, la France, serait consolée par la solidarité de tous ses enfants.

Qu'on ne nous accuse donc pas, en prônant la constitution de réserves sur quelques points du pays et la localisation des expériences dangereuses, de vouloir désunir la patrie. Qu'on ne croie pas nous flétrir en nous appelant « des fédéralistes ». Avant la Révolution, la France répartie en provinces, fût-elle moins solide devant l'ennemi? Après Malplaquet, après Pavie, et dès le xve siècle après Azincourt, le sentiment national ne s'est-il pas fait jour? Qu'est-ce que Jeanne, faible femme, humble paysanne, sinon la personnification de la Patrie? Par elle seule, elle ne pouvait rien, mais elle pouvait tout par l'idée que la France était la France et qu'elle le serait toujours. Cette idée est donc de beaucoup antérieure à la Révolution et je ne vois pas en quoi la création des départements l'a fortifiée. Il est bien entendu que les ressorts de la diplomatie, de la justice, surtout ceux de la défense nationale resteraient centralisés entre les mains du pouvoir central. Il est bien entendu que dans les rangs de la seule armée française, Normands, Auvergnats et Gascons demeureraient confondus. Mais les questions irritantes, celles qui concernent les cultes et l'instruction publique seraient réservées à l'appréciation de chaque conseil provincial. Aucun d'eux ne pourrait faire un mauvais usage de ses pouvoirs car au-dessus des conseils électifs planeraient les libertés constitutionnelles du citoyen français, garanties comme en Amérique par une cour suprême de justice, et sur lesquelles ne pourraient empiéter ni les délibérations des Chambres, ni celles des assemblées provinciales. Au sud comme au nord, tout français serait maître de fonder une école, d'ouvrir une chapelle, d'organiser une réunion publique, mais puisqu'il est avéré que les Bretons préfèrent les institutrices congréganistes, le conseil provincial de Bretagne ne s'obstinerait pas à leur envoyer des laïques, très dignes femmes j'en suis convaincu, mais qui souvent n'ont pas un seul élève dans leur classe.

De même, le conseil provincial de Normandie, chargé des rapports du pouvoir civil avec les cultes, renoncerait à expurger les catéchismes, à suspendre les traitements, à fermer les chapelles et au lieu de la guerre sournoise à laquelle nous n'avons que trop longtemps assisté, conclurait la paix entre Dieu et César dont les vrais Normands sont également respectueux.

Quant au conseil provincial de Provence il prononcerait, sans doute, la séparation entre l'Eglise et l'Etat. Je n'y verrais, pour ma part, aucun inconvénient puisque le prêtre protégé comme tout autre citoyen par les libertés constitutionnelles dont j'ai parlé plus haut, pourrait toujours prêcher, agir et posséder avec autant de sécurité et plus d'indépendance. Ainsi les vœux de chaque population seraient comblés.

Quelles critiques formuler contre un tel programme?

Le *patriotisme* et le *régionalisme* ne s'excluent pas. Voyez la Suisse! Est-il un pays plus divisé de langues, de races, de religions? Est-il un pays où le sentiment national soit plus vif?

Le *régionalisme* et l'*unité morale* s'excluent au contraire, mais nous le disons hautement, une telle conséquence n'est pas pour nous déplaire. Cette unité morale n'existe pas aujourd'hui entre les provinces, nous venons de le démontrer. Vous flattez-vous qu'elle existera demain parce qu'il n'y aura plus en France que les écoles d'état et comptez-vous pour rien l'enseignement de la famille, de la presse, du livre, l'expérience de la vie ou l'influence d'un séjour à l'étranger? Vous croyez tarir la source des indépendances parce que vous en cimentez l'orifice, mais l'onde refluant par mille conduits souterrains ira jaillir un peu plus loin. L'*unité morale* est une utopie irréalisable, mais, hélas! il est trop vrai qu'elle sert, aujourd'hui comme toujours, de masque aux tyrannies.

L'histoire nous apprend, en effet, que les plus grands crimes ont été commis sous prétexte d'unité. Socrate fut condamné à boire la ciguë parce que son enseignement compromettait l'*unité philosophique*. C'est au nom de l'*unité scientifique* que les inquisiteurs ont condamné Galilée ; c'est elle qu'il faut flétrir et non quelques juges faillibles au moment où le savant frappe son front sur les dalles de Milan, en répétant tout bas : « *e pur si muove!* » Si les dragons piétinèrent l'édit de Nantes sous leurs bottes, c'est que l'*unité religieuse* prévalait à Versailles, et Marat demandait cent mille têtes pour assurer à la France les bienfaits de l'*unité politique*. Comme si ce n'était pas assez pour ce pauvre peuple de tant de leçons, voici qu'aujourd'hui au nom de l'*unité morale* on l'invite à sacrifier la liberté de l'école après la liberté du cloître. Eh bien! non, de cette unité morale nous ne voulons pas, le cadeau que vous nous offrez nous le repoussons avec horreur. Entre la liberté et l'unité notre choix est fait car nous savons qu'on ne peut demander à la fois l'une et l'autre et que la diversité est l'essence même de la liberté.

Plus que tout autre nous désirons la cohésion des forces vives de la nation, et nous connaissons les lois de la solidarité fonctionnelle entre les organes d'un même corps, mais nous voulons aussi que notre Normandie, qui a tant de fois affirmé son horreur du jacobinisme, affranchie dans une mesure compatible avec la sécurité nationale de la centralisation qui l'opprime, soit maîtresse enfin de pratiquer la liberté.

Conclusion

Nous voici arrivés au terme de notre étude, nous savons comment nous pouvons relever la province de ses ruines, pourquoi nous devons tenter cet effort. Il faut conclure.

Mais pour donner plus de force à cette conclusion, persuadons nous bien que la *décentralisation* et le *régionalisme* ne sont pas que le programme d'une coterie politique, qu'au contraire la plupart des peuples nous ont précédé dans cette voie et qu'aujourd'hui, en France, des hommes avisés venus de tous les points de l'horizon reconnaissent que là sont pour notre pauvre pays, tant déchiré mais tant aimé, la vérité et la vie.

Si nous jetons les yeux au delà de nos frontières nous voyons qu'en Angleterre le pouvoir central, sauf pour la perception de certains impôts, n'intervient en aucune façon dans l'administration des villes, des bourgs ou des comtés et que nulle part n'existent de ces tribunaux de justice administrative où l'Etat est à la fois juge et partie. Il en est de même dans les états Allemands, surtout en Bavière, en Wurtemberg et en Prusse. Ce dernier peuple possède dans la loi du 30 Décembre 1872 un code complet qui organise pour la province, le cercle et la commune, une assemblée élective et un conseil permanent, en même temps qu'elle leur accorde une grande indépendance dans la gestion de leurs intérêts. L'Autriche-Hongrie a réorganisé sur les mêmes bases son régime provincial.

L'Espagne a su conserver au milieu de ses vicissitudes politiques, une organisation municipale et provinciale qui assure aux provinces et aux communes une véritable indépendance.

Il en est de même en Suisse, en Hollande et dans les trois états Scandinaves.

En Belgique, les délibérations des conseils provinciaux et communaux, depuis plus de soixante ans, sont souveraines et échappent, dans les limites de la loi, au contrôle de l'autorité royale.

Aux Etats-Unis la décentralisation administrative est complète.

Il n'y a qu'en France où le pouvoir central regagne du terrain sur les conseils locaux et l'Etat sur l'individu, et ils sont nombreux chez nous ceux qui veulent se servir du régionalisme comme d'une digue contre ces empiètements intolérables. Les uns, comme M. Rouvier, s'effraient de voir le cancer du fonctionnarisme ronger la France en pleine chair: « S'il était possible de diviser la France en un certain nombre de grandes régions, disait tout récemment le Ministre des finances, ce serait là le seul moyen de réaliser des économies ». D'autres, comme M. Bourgeois, qui déposa il y a huit ans un projet de loi tendant à l'autonomie des Universités, voient dans la régionalisation de nos académies la condition nécessaire du progrès pédagogique et de la vie intellectuelle en province. D'autres, comme Maurice Barrès, en donnant à chaque citoyen Français deux patries, une grande et une petite, cherchent à mieux le mettre en garde contre les tendances dissolvantes de l'internationalisme. D'autres enfin sont révoltés en voyant l'État, aussi violemment autoritaire que le tyran antique mais plus dangereux parce qu'il est anonyme, opprimer des régions entières comme la Bretagne, la Normandie, mettre hors la loi des catégories de citoyens, leur refuser un toit pour se réunir et prier en commun, s'arroger un droit souverain sur l'âme de nos enfants, arracher ces petits qui sont libres de la chair paternelle à l'étreinte de notre culte, de nos aspirations, de nos sentiments les plus intimes, transformer les soldats en policiers, les magistrats en professeurs de théologie, les instituteurs du peuple en prophètes d'internationalisme, substituer je ne sais quel dogme qui se déplace incessamment à la religion, vieille de deux mille ans, qui a libéré l'esclave, dignifié la femme et arraché le monde païen à la barbarie — ils sont navrés surtout que ce peuple, qu'on réputait loyal, généreux, spirituel, au clair visage, au cœur d'or, aux lèvres harmonieuses, fait pour l'amour et pour l'action, soit ainsi abêti par la scolastique des couvents parlementaires, enlaidi par la haine, la servilité et la délation.

Tous ceux là sont-ils des réactionnaires, attardés dans la géographie administrative de l'ancien régime, et se berçant d'un passé à jamais disparu ?

M. Hovelaque, député radical-socialiste de Paris qui déposait, il y a quatorze ans, une proposition tendant à diviser la France en trente-deux circonscriptions (le nombre des anciennes provinces), ne nommant chacune qu'une dizaine de députés, était-il un réactionnaire ?

M. Charles Beauquier, député très ministériel du Doubs, qui s'est fait l'apôtre du régionalisme, et dont la campagne de conférences et d'articles se continue plus active que jamais, est-il un réactionnaire ?

Il y a des gens qui sont toujours prêts à s'évanouir dès qu'on prononce devant eux ces quatre syllabes fatidiques: ré-ac-tion-naire.

Réaction, césarisme, cléricalisme, fédéralisme: fantômes qui ne feraient plus peur à un petit enfant et dont on berne le peuple Français, un grand enfant, comme chacun sait.

Qu'il se rassure donc ce bon peuple Athénien qui se préoccupe bien plus de ne pas être compromis avec Aristide que d'être vainqueur de Philippe. S'il lui plaît de devenir régionaliste, il le sera en neutre compagnie. Le monarchiste Maurras, le nationaliste Barrès, l'opportuniste Rouvier et le radical Beauquier sont là pour lui dire que le régionalisme est une cocarde que l'on peut arborer dans tous les camps.

Et maintenant, concluons:

La reconnaissance officielle de la province ne précédera pas mais suivra sa restauration effective. Tout ce que nous pourrons demander à l'État ce sera de passer obéissance d'un fait accompli.

Donc, pour que la province ne soit pas qu'une poussière de grands souvenirs, pour qu'elle corresponde à un organisme vivant, à une réalité positive, groupons-nous, unissons-nous, organisons-nous sans retard entre enfants d'un même terroir.

Au point de vue religieux et social ce sera, s'il plait à Dieu, l'œuvre de *l'Union provinciale de la Jeunesse Catholique Normande* que nous sommes venus fonder à Caen. C'est un beau spectacle, n'est-il pas vrai, que ces jeunes gens et ces prêtres confondus dans une double piété envers leur Dieu et envers leur race ?

Eux, les jeunes, ils ont l'ardeur exubérante, la séduction des éclosions printanières, le charme enveloppant des aubes vaporeuses, l'attrait des mystérieux lendemains; ils sont l'avenir magnifique.....

Et les prêtres qui les encouragent, au-dessus de leurs infirmités humaines dont nul n'est exempt, empruntent au christianisme le prestige qui s'attache à son œuvre, à sa civilisation, à ses bienfaits qu'aucun siècle ne lasse et dont toutes les générations, même celles qui blasphèment et qui nient, reçoivent la manne. Ils sont le passé fécond, qui se penche vers l'avenir et le renouvelle sans cesse.

De ces pasteurs chrétiens combien le concours peut nous être précieux pour réveiller les énergies Normandes ! Ils sont du peuple et ils vivent en contact avec le peuple. Tandis que la plupart de nos administrateurs temporels venus du centre ou du Midi sont des transplantés qui ignorent si leurs contribuables ont une âme et quelle est cette âme, eux, les administrateurs spirituels, ils ont cet immense avantage d'avoir été élevés dans les villages qu'ils doivent évangéliser. Ils apprécieront quel service la cause catholique peut rendre à la cause Normande, et quel appui en retour la seconde peut prêter à la première. N'oublions pas que toutes les traditions sont solidaires : le culte de la Normandie est placé sous l'invocation de l'Immaculée-Conception, dont la fête était jadis chez nous si populaire qu'on l'appelait « la Fête aux Normands ».

Dans beaucoup de paroisses rurales il existe encore des confréries qui ont leurs bannières, leurs devises, leurs privilèges à l'église, leurs messes anniversaires, etc. Au lieu de laisser tomber en désuétude ces vestiges du passé, nos pasteurs les restaureront avec amour. Au prône, ils reporteront les fidèles aux souvenirs de l'histoire locale, que souvent, dépositaire des archives paroissiales, le curé est seul à connaître. Ils leur diront : « Ce même jour, il y a cent, deux cents ans, vos pères ont versé des larmes de douleur ou de joie ». Ils se souviendront que ce sont les prêtres Canadiens — la plupart originaires de la Normandie — qui ont rallié, organisé, sauvé les pauvres colons Français abandonnés par Louis XV. Ce que les messires Canadiens ont fait pour défendre leurs ouailles de l'influence Anglaise et protestante, aux messires Normands de le recommencer pour protéger notre province non contre la vraie France qui travaille en silence, avec laquelle elle fait corps, mais contre la France officielle, cosmopolite et maçonnique, qui souffle la discorde et la haine.

Quant à nous, mes jeunes camarades, sentons-nous les coudes et fièrement arborons les couleurs Normandes !

Non, ce n'est pas en vain que pendant des siècles nos pères ont lutté, prié et souffert ensemble. Le passé a tissé entre nous mille liens mystérieux. Vous tous qui êtes mes compatriotes Normands, il me semble que je vous aimais déjà avant de vous connaître... Ce ne sera pas le moindre bienfait de notre *Union Provinciale de la Jeunesse Catholique Normande* de nous révéler les affinités profondes de la race.

Cette *Union Provinciale* placée sous l'égide de Dieu infiniment bon, vous ne voudrez pas en faire un instrument de combat mais un monument de tolérance, de concorde et de progrès, avec des baies largement ouvertes sur l'avancement des sciences, l'apostolat social, les réformes démocratiques et tous les milieux où le monde moderne s'élabore.

Beaucoup d'entre nous ont été, dans l'enseignement supérieur, les élèves de l'Université à laquelle ils sont restés fermement attachés. Ils se refusent à croire à l'inimitié de deux jeunesses et ils unissent dans une même estime les maîtres qui forment chacune d'elles. Nous applaudissons de toutes nos forces à la diffusion de l'enseignement national, regrettant seulement que les instituteurs soient souvent détournés de leur mission dont la sérénité ne doit s'accommoder d'aucune domestication politique.

Toutes les opinions sont à nos yeux également respectables, pourvu qu'elles soient sincères, mais, en ce qui nous concerne personnellement, nous n'avons jamais caché que, malgré les tristesses de l'heure présente, nous ne désespérions ni de la République ni de la Démocratie.

Nous voulons qu'on laisse à la France la religion de la liberté, la religion de l'idéal et la religion du Christ ; qu'on respecte les traditions et la personnalité de Normandie et qu'on accorde à chaque province le droit de s'administrer elle-même, mais sur beaucoup de points nous pensons de même que ceux qui se plaisent à dire qu'il existe entre eux et nous un infranchissable fossé.

La Source ne l'a-t-elle pas écrit : « Nous savons que la souveraineté du peuple, dépositaire de l'autorité divine, fût toujours une doctrine catholique, et que l'égalité civile a sa base dans l'Evangile. Léon XIII nous a appris combien les revendications ouvrières sont souvent justes et fondées, quand on les dépouille des violences qui les déshonorent et des utopies qui les défigurent. On croit nous réduire à merci parce qu'on nous oppose le *Syllabus*, mais repoussant les traductions judaïques nous

nous affermissons dans les interprétations qu'en ont donné les Mauning et les Ireland. »

Nous aussi, nous attendons de l'avenir une humanité nouvelle où les répartitions sociales seront plus équitables, qui fera luire à nos yeux plus de justice et de beauté. Les nobles idées d'altruisme et de solidarité font battre nos cœurs, mais nous croyons que le Christianisme « ce grand geste qui traverse l'histoire », loin de les mutiler, les prolongera, les purifiera et les élèvera jusqu'à l'infini.

A tous nos frères de France et d'outre France, selon la formule généreuse de 89 : Salut donc, et fraternité !

Cependant, si notre ardent appel à l'amour est étouffé sous des cris de haine, non sans tristesse mais sans défaillance, nous accepterons un duel que nous n'aurons pas cherché, et nous lutterons *pro aris et focis*, pour nos autels et pour nos libertés sociales.

Nos autels sont indestructibles. Saint Augustin a dit : « Dieu est patient parce qu'il est éternel ». Et de cette éternité je n'ai jamais eu une révélation plus saisissante qu'en visitant quelqu'une de nos cathédrales gothiques dont *la geste écrite avec la pierre* brave encore l'effort des temps. En contemplant cette nef gigantesque sur la proue de laquelle tant de tempêtes se sont brisées je me disais que, contre une telle église, selon la parole évangélique, les portes de l'enfer ne prévaudraient jamais.

Quant à nos libertés, elles sont inséparables de nos autels. Le Christianisme en nous révélant nos responsabilités envers Dieu et envers nos enfants nous a donné le *droit*, partout et toujours, de faire ce que nous estimons être notre *devoir*. Au libre arbitre individuel doivent donc correspondre des libertés sociales, car attenter à la liberté humaine, c'est outrager Dieu lui-même.

Puisse donc ce Dieu ouvrir tous les yeux aux lueurs adoucies qui baignaient son visage pendant qu'il prêchait sur la montagne l'évangile d'amour et de fraternité....

Diex aie ! Dieu nous aide !

C'était l'invocation du grand Normand qui dort sous les dalles abbatiales. Ce sera la nôtre aujourd'hui.

Diex aie !

Que Dieu aide les fils de la Normandie dans leur œuvre et dans leurs espoirs !

Étienne FRÈRE.

Rouen. — Imp. PAUL LAFFITTE, 75, Rue de la Vicomté.

www.ingramcontent.com/pod-product-compliance
Lightning Source LLC
Chambersburg PA
CBHW060931050426
42453CB00010B/1955